AF206424

L'astronauta di Palenque

L'interpretazione tecnica della lapide di Palenque

di Pierluigi Peruzzi

BoD
BOOKS on DEMAND

L'astronauta di Palenque

La lapide di Palenque dal punto di vista tecnico. Senza riti religiosi e senza un albero della vita, ma una carretta volante, fatta con i residui di un'alta civiltà.

di Pierluigi Peruzzi

Autore:
© *2018 Pierluigi Peruzzi*

Casa editrice:
BoD – Books on Demand, Norderstedt (Germania)

ISBN: 978-3-7460-9488-5

Prefazione

Nel lontano 1973, allora avevo 23 anni, ho visto il primo film di Erich von Däniken. "Gli Dei erano astronauti". Von Däniken è riuscito a convincermi del tutto.

Dopodiché mi sono interessato un po' meno del paleo-seti. Soltanto una trentina di anni dopo ho iniziato ad andare a fondo a questo tema e mi sono fatto le mie proprie teorie, ma vicine a quelle del Signor von Däniken.

Dapprima ho pubblicato molte pagine nei miei siti web su quanto vedevo dagli artefatti storici. Ma in un libro l'autore può spiegare meglio su quanto vede e il lettore può fare i suoi appunti.

Nel capitolo 1 di questo libro descrivo la lapide di Palenque dal punto di vista tecnico. Personalmente vedo una tecnica primitiva, ma molto efficace. Direi persino una tecnica della 2ª guerra. Anni 40 - 50. Niente di speciale.

Negli altri capitoli presenterò alcune altre teorie su questo tema, ma sempre in relazione alla cultura Maya.

Perdonatemi, se non cito sempre le fonti. Ma oggi abbiamo i motori di ricerca, dove ognuno può controllare da se. Inoltre, le odierne citazioni si possono considerare dei giri viziosi, che girano da un libro all'altro, per poi ritornare indietro alla prima fonte e poi ripartire, senza mai terminare.

Pierluigi Peruzzi, Gennaio 2018

Indice

1° L'astronauta di Palenque

La mia analisi sulla scultura della lapide della tomba di Palenque.

L'astronauta di Palenque e la sua carretta volante

Come tanti altri non riesco a togliere lo sguardo da questa scultura. In questa immagine non c'è niente da interpretare. Persino l'ultimo scemo terrestre vede un oggetto volante. Ci si deve dare proprio pena, se non si vuole vedere affatto qualcosa che vola.

Si vede un uomo che cavalca come se stesse sulla sella di una moto, con i capelli al vento. Intorno a lui un sacco d'interruttori e manopole di ogni genere.

Certamente non un albero della frutta o della vita, nessuna funziona religiosa e per niente un UFO, ma una carretta volante messa insieme con dei residui di un'alta civiltà.

Con ciò intendo i residui di un'alta civilizzazione sulla Terra. Se del caso i resti, che naufraghi spaziali hanno lasciato sul nostro pianeta. Questo forse, non si saprà mai.

Il famoso disegno del dott. Alberto Ruz Lhuiller

Il messaggio dello scalpellino sulla lapide è molto chiaro.

L'eccezionale disegno del **dott. Alberto Ruz Lhuiller** (archeologo messicano, 27.01.1906 – 25.08.1979) è la base di tutto. È stato proprio lui ha far venire a galla la verità ed ha generare un gran "Ah" e "Oh" in tutto il mondo. Bisogna ringraziare anche **Erich von Däniken** (autore svizzero di libri bestseller), perché ha pubblicato questo disegno nel suo primo libro **"Gli extraterrestri torneranno"** e così reso noto a tutta l'umanità.

Ciononostante il dott. Lhuiller non ce l'ha fatta del tutto a fare un disegno perfetto della scultura sul coperchio della tomba, e vorrei esporre una piccolissima critica.

Sulla pietra tombale si vede chiaramente la protezione del naso, come l'hanno i nostri piloti di caccia. Dott. Lhuiller ha presumibilmente pensato che lo scalpellino non abbia fatto tutto giusto e così ha disegnato tutto il naso nel suo disegno. Ma sulla lapide il naso è nascosto sotto la maschera d'ossigeno.

 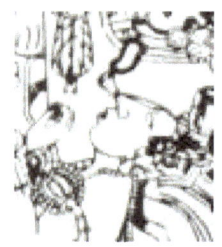 

Osservate per favore la protezione del naso dei piloti caccia delle forze aeree. Riconoscerete subito il piccolo errore del dott. Lhuiller.

Ma tutto ciò non deve sminuire l'ottimo lavoro del dott. Lhuiller, perché le sue prestazioni sono state semplicemente eccellenti e la scoperta della tomba di Re Pacal si deve soltanto a lui stesso. Non per niente è stato sepolto in una tomba d'onore nel bel mezzo della vecchia città dei Maya di Palenque.

La scultura stessa

Presumo che la scultura in questione sia una copia di un disegno tecnico in sezione trasversale. Molto lo lascia supporre. Che cosa poi abbiano capito gli indigeni è tutta un'altra cosa. I Maya di allora non potevano sapere come si doveva costruire un aeromobile.

Ancora oggi i disegni tecnici vengono eseguiti o stampati su carta di lunga durata. Nella maggior parte dei casi si tratta di carta più spessa e più ampia. Le fotografie invece sbiadiscono molto in fretta. Pure la carta stampata, se allora dovesse essere esistita, si dovrebbe essere decomposta col passare degli anni. Invece i disegni tecnici - nero su bianco - dovrebbe aver sopravvissuto qualche secolo in più.

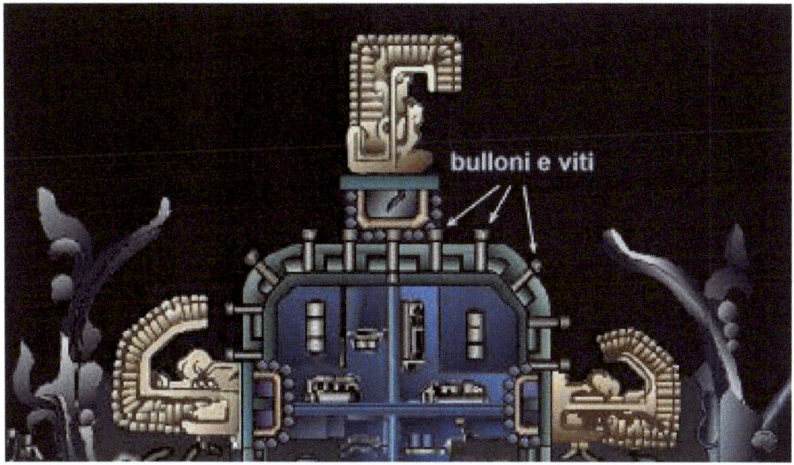

Ma soffermiamoci sul disegno tecnico, copiato da indigeni che non capivano niente di tecnica.

Il disegno esatto del dott. A. Lhuiller

© 2009.10 Pierluigi Peruzzi

Sopra: Disegno dott. Lhuiller, coloratura di P. Peruzzi
E questo dovrebbe essere un albero della vita?

11

Il pazzo pilotaggio con i piedi di questa primitiva carretta volante

Se si vuol capire che cosa ci vuol dire l'immagine sulla tomba di Palenque, allora bisogna guardarla dal lato tecnico. Grazie al buon disegno del dott. Lhuiller e la mia colorazione si può spiegare il tutto un po' meglio.

Sul disegno s'intravede come il pilota aziona dei pedali con i piedi scalzi.

In altre parole, una pura pazzia. Questo pilota guida un oggetto volante come se fosse un pilota da corsa, senza alcun sistema elettronico. Ma che questo pilota a quei tempi conosceva già della semplice elettronica, lo dimostrano gli auricolari che si vedono sulle differenti piastre di quell'epoca.

L'alettone di deviazione dei gas di spinta, azionato con i piedi scalzi, ha il medesimo effetto come l'alettone di coda di un aereo. Nel libero spazio si necessita di poca forza, per poter deviare un oggetto in un'altra direzione. Ma non nell'atmosfera. Però la lunga leva che fa da "pie di porco", dovrebbe essere sufficiente.

Molto bello è l'appoggiapiedi del pilota. Dispone persino di un dispositivo di regolazione.

Disegno del dott. Alberto Lhuiller
Adattamento colorato di Pierluigi Peruzzi-Damasco

MAR-2008

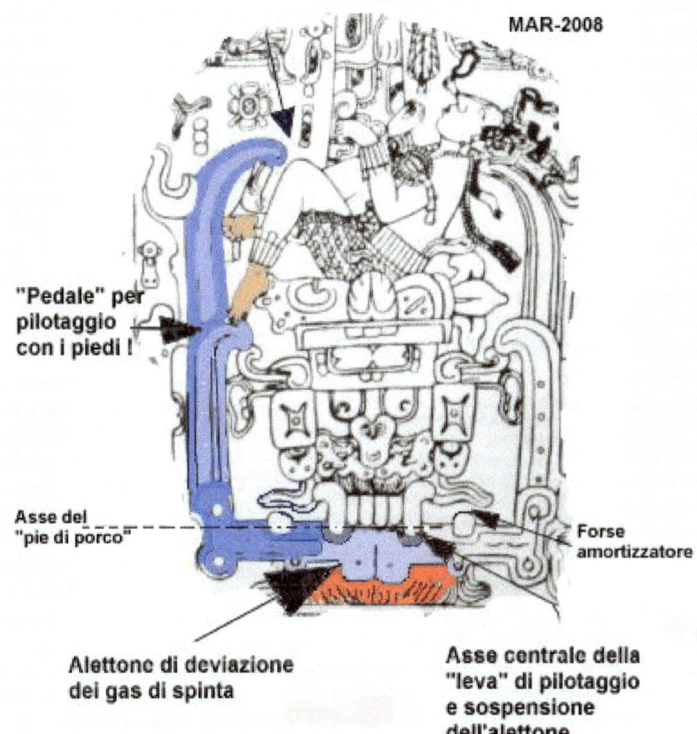

"Pedale" per pilotaggio con i piedi !

Asse del "pie di porco"

Forse amortizzatore

Alettone di deviazione dei gas di spinta

Asse centrale della "leva" di pilotaggio e sospensione dell'alettone

Adattamento di Pierluigi Peruzzi-Damasco

MAR-2008

Dispositivo di regolaggio

Appoggiapiedi ergonomico

MAR-2008

Se si usa come timone una lunga leva lunga quasi 2 metri, che fa da "pie di porco", allora da qualche parte bisogna appoggiare i piedi. Altrimenti con la forza delle gambe si potrebbe persino storcere questa lunga leva. L'appoggiapiedi dovrebbe rendere possibile al pilota una guida sensibile ed impedire dei danni con la forza dei piedi.

Si deve anche tener conto dell'accelerazione. Questa preme il pilota verso il basso e così viene garantito un buon appoggio dei piedi.

La tuta dell'astronauta

Sul disegno del dott. Lhuiller, l'astronauta sembra seminudo. Però, in verità, sulla lastra del sarcofago lo vedo ben protetto dal freddo. Ma le mani ed i piedi sono scalzi, per poter pilotare più sensibilmente con i mezzi di guida. Ciò sottolinea la mia teoria della "tecnica primitiva".

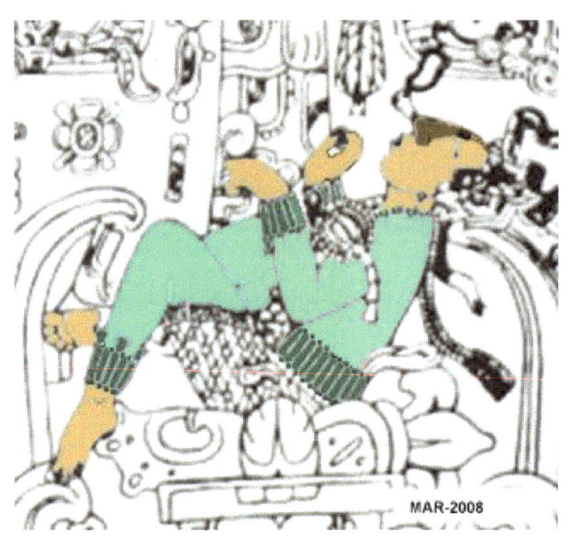

Particolarmente le maniche di questa tuta rivelano un maglione "Stretch". Infatti la maggior parte degli abiti Stretch dispongono di manica e taglia elastica. Solo così si può preservare il calore del corpo.

Se si guarda come siede il pilota, si nota bene che si trovano dappertutto interruttori, manopole e maniglie. Un abbigliamento normale sarebbe stato estremamente pericoloso, dato che senza volerlo il pilota avrebbe potuto azionare qualche dispositivo con la stoffa dell'abbigliamento. Il maglione stretto non lo impedisce, ma limita di molto questo pericolo.

Panoramica e spiegazioni generiche

Il disegno del dott. Lhuiller è semplicemente geniale. Su di esso si vede bene, ciò che lo scalpellino della lastra tombale desiderava comunicarci. Vengono mostrate varie cose, che prima non ci sembravano importanti.

Grazie alla lunga leva (pedalina) è possibile regolare con poca forza il corto deviatore dei gas di spinta (la penna di coda).

Il sedile apparentemente semplice non si dovrebbe considerare un ostacolo per il pilotaggio.

Da non dimenticare che i nostri "razzi", che portano i nostri astronauti nello spazio hanno dei valori di accelerazione di circa 60 m/s^2. Questa piccola capsula invece dovrebbe - a parer mio - accelerare con un massimo di $12 - 18$ m/s^2. Ciò potrebbe rendere reale la posizione raffigurata del pilota (per esempio la gravitazione terrestre è di circa $-9,8$ m/s^2).

Non mi posso affatto immaginare che questa capsula con il suo equipaggio potrebbe salire verso il cielo dritta. Non vedo degli schermi che potrebbero indicare la presenza di un computer. Pertanto non dovrebbe essere esistita una guida computerizzata. L'astronauta che "pilota con i piedi" deve per forza aver dovuto ricorreggere di continuo la corsa verso lo spazio.

Per questo motivo ritengo che questa navicella dovrebbe aver dovuto serpenteggiare verso l'alto. Non per niente la Città di Palenque veniva denominata dai Maya la "**Città del Serpente celeste**".

A destra: Il serpente celeste che serpenteggia verso il cielo, disegno di A. Maudslay, coloratura di P. Peruzzi.

17

Spiegazione tecnica di Pierluigi Peruzzi sulla base del disegno del dott. A. Lhuiller

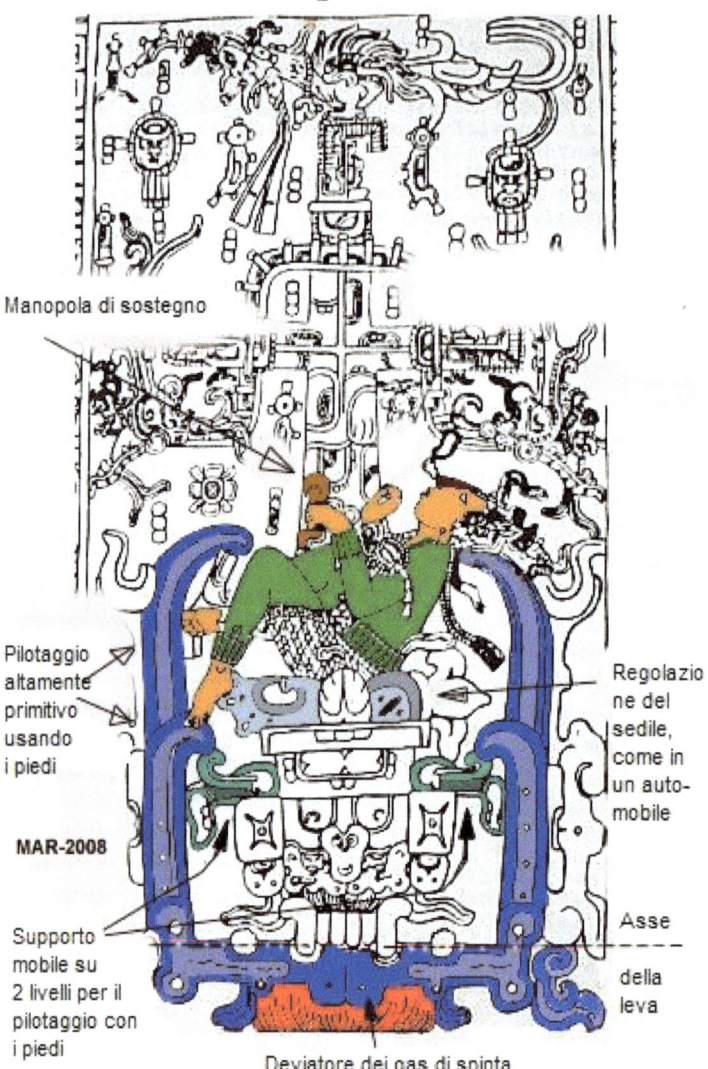

Manopola di sostegno

Pilotaggio altamente primitivo usando i piedi

MAR-2008

Supporto mobile su 2 livelli per il pilotaggio con i piedi

Regolazio ne del sedile, come in un auto- mobile

Asse

della leva

Deviatore dei gas di spinta

© 2008.03 Pierluigi Peruzzi-Damasco

Descrizione dell'immagine a sinistra

Maniglia con manopola rotante nella **mano sinistra.** Se si guida come un pazzo con i piedi e si siede su un seggiolino molto semplice è necessario aggrapparsi da qualche parte. Eventualmente la manopola integrata nella maniglia per la mano sinistra serve per regolare la propulsione.

Mano destra

Ciò che sembra un piccolo bottone di regolazione tra il pollice e l'indice non lo è affatto. Il pilota sta usando il palmo della mano destra per spingere un'asse di comando. Che cosa sia effettivamente non si saprà mai. Pollice ed indice sono chiusi per aver più forza e sensibilità nel palmo della mano destra.

Regolazione del seggiolino

Molto probabilmente sotto a sinistra del seggiolino. Come in un veicolo a motore! Tecnica molto primitiva.

Guida con i piedi scalzi!

Ma si dev'essere proprio scellerati per pilotare un aeromobile in questa maniera. Ciò si vede senza alcuna ambiguità che i fatti sono questi. Una lunga asse di leva per i piedi e una corta asse per l'alettone direzionale.
Molto bello però è l'appoggio ergonomico per il piede sinistro. Dispone persino di una vite di regolazione.

La sospensione mobile di questa struttura
Ora, se osserviamo le lunghe leve, queste si devono per forza "appoggiare" a metà del loro percorso. Altrimenti questa pazzesca struttura si sgretola. Questa sospensione però, deve agire su 2 livelli, dato che i gas di spinta si devono poter regolare su 2 livelli. Altrimenti si vola solo a sinistra o a destra, oppure su e giù.

Se si osserva bene questa struttura, si ha il senso di stare davanti ad un oggetto fatto nel garage di casa propria. Sicuramente niente di eccezionale. L'unica cosa di eccezionale è il propulsore stesso. Veramente unico. Ve lo spiego nel prossimo capitolo.

1.5 Il propulsore del Serpente celeste

Il propulsore di Palenque

Personalmente ritengo che il propulsore sulla lastra del sarcofago di Palenque sia un propulsore chimico a reazione non troppo calda (in confronto ai nostri propulsori a gas estremamente caldi). Il piano dello scultore non lascia alcun dubbio.

A parer mio la genialità di questo propulsore si basa sul principio di basso calore e di bassa pressione nella camera di combustione, nonché della spinta parallela dei gas di combustione. I nostri propulsori odierni hanno gradi di efficienza di circa il 30 %, ma questo propulsore mostra a parer mio un grado di efficienza di oltre il 90% !

Per spiegarvi cosa vedo effettivamente, inizio questo capitolo con un esempio, al fine di potervi poi spiegare meglio cosa intendo con il **"peso tecnico necessario da portarsi appresso"**.

Come esempio vorrei paragonare il motore di un'auto con il motore di una motocicletta:

Una **motocicletta** con 150 cm^3 di cilindrata viene quasi sempre prodotta per portare 2 persone, ha 2 ruote leggere, un motore leggero, raffreddato ad aria, una sella molto leggera e dispone soltanto di sistemi elettrotecnici basilari. Non ha una radio, nessun tetto e neanche dei tergicristalli. La sospensione, il serbatoio ed il telaio sono molto leggeri.

Un **Automobile** con 1600 cm^3 di cilindrata, viene prodotta spesso per un massimo di 5 persone, ha 4 ruote pesanti, necessita quale "**peso tecnico necessario**" da portarsi dietro un motore più peso, raffreddato ad acqua, 5 pesanti sedili con tanto di cinture. Dispone di un impianto elettrotecnico molto sofisticato. Ha una radio, un tetto e dei tergicristalli. Le sospensioni ed il telaio sono molto pesanti.

Il rapporto delle persone che possono salire sul veicolo è di 2:5. Ciò intendo il rapporto delle persone, che possono essere trasportate. Sulla motocicletta sono 2 e sull'automobile 5. Ma il rapporto del **peso massimo** tra questi due veicoli è di 200 kg : 1600 kg (peso a pieno). Ossia 2:8.

Però, in relazione alla motocicletta dovrebbe essere 200 kg : 1000 kg. Ciò significa che nell'automobile abbiamo un ulteriore "**peso tecnico necessario**" da portarci dietro **di 600 kg in più**. Il tetto, i tergicristalli, l'elettrotecnica, il raffreddamento ad acqua, 2 ruote in più, **un'ulteriore sospensione pesante,** gli airbag ecc. ecc.

Nell'auto invece stiamo più comodi e stabili. Ci possiamo portare dietro molti bagagli. L'automobile non serpenteggia sulla strada a bassissima velocità. La moto sì.

I serbatoi per il combustibile liquido

Soffermiamoci sul propulsore da un altro punto di vista. Ossia dai serbatoi superleggeri per i liquidi di combustione, da confrontare con dei serbatoi molto pesanti per il gas di combustione.

Come si può vedere dalla figura che segue, ripresa nel mio giardino, il serbatoio per il gas è molto pesante, perché ha spesse pareti d'acciaio. Questo peso tecnico necessario ci si deve portare appresso, se si desidera viaggiare con un propulsore a gas.

Con ciò vorrei dire che, se il peso del gas ammonta a 10 kg, allora pure il serbatoio vuoto ammonta anche a ca. 10 kg (a seconda del tipo e della pressione del gas naturalmente).

Per un serbatoio di combustibile liquido invece, per 10 kg di liquido serve solo un serbatoio che pesa a vuoto ca. 0.5 kg!

Se poi si fa il calcolo che ci si deve portare appresso 2 specie di combustibili, per poi mescolarli nella camera di combustione, allora il **"peso tecnico necessario"** da portarsi dietro si raddoppia. Ciò significa che il peso tecnico necessario per i serbatoi di combustibile liquido è molto inferiore ai serbatoi a gas.

(Sopra) Un immagine dal mio giardino. I due differenti tipi di serbatoi: il serbatoio per il liquido di combustione ed il serbatoio per il gas. Ci si può ben immaginare che il "peso tecnico necessario" per questi 2 tipi di serbatoio differenzia molto tra l'uno e l'altro.

Serbatoio per il gas

Se per esempio il peso del gas dovesse essere di 12 kg, allora il peso a vuoto del serbatoio dovrebbe ammontare tra i 12 e 15 kg, grazie alle sue forti pareti di acciaio (naturalmente a seconda del tipo di gas e della sua pressione).

Serbatoio per il liquido di combustione

Per un serbatoio per liquidi ed un peso del liquido di 12 kg necessitiamo di soli 0,5 kg di serbatoio a vuoto, dato che il ser-

24

batoio per liquidi necessita soltanto di fini pareti elastiche. Che siano di plastica o di lamiera non voglio trattarlo per ora.

(Sopra) Una vecchia fotografia della lapide di Palenque, che non è ancora stata alterata. Qui si vedono bene le 2 "taniche di benzina" che servono come serbatoi.

Il propulsore stesso

Se si paragona la foto precedente della lapide di Palenque con uno schema di propulsori odierni, allora si capisce subito che questi due tipi di propulsori non hanno niente in comune. L'unica cosa in comune è la combustione di due combustibili chimici.

Il propulsore di Palenque NON È un propulsore tipo "von Braun". Pertanto ci dobbiamo distanziare del tutto dalla tecnica odierna del nostro pianeta.

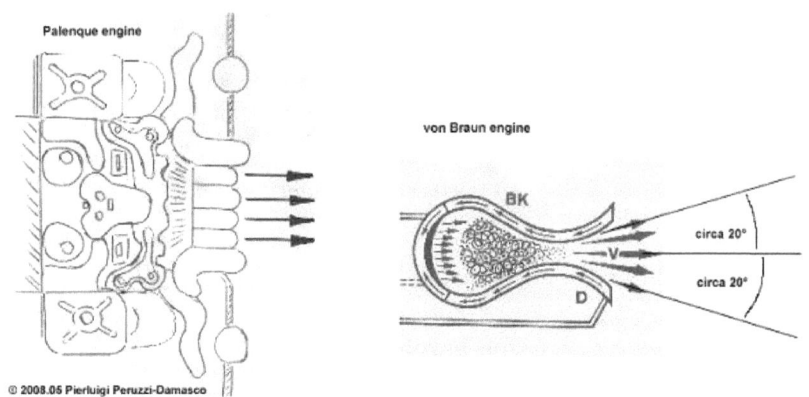

Nel disegno soprastante si vede molto bene come il propulsore tipo "von Braun" perde molta spinta, dato ché i gas di spinta escono da un ugello impreciso, invece di fuoriuscire nella giusta direzione parallela.

Invece il propulsore di Palenque è più preciso e i gas di spinta fuoriescono parallelamente. Con ciò la forza vettoriale di spinta decorre - in confronto ai nostri propulsori tipo von Braun - quasi al 100 percento nella direzione giusta.

Ciò significa inevitabilmente che con il propulsore di Palenque abbiamo bisogno di molta, ma molta meno propulsione e cosi possiamo risparmiare pure nel peso dei combustibili.

Però questo propulsore viene alimentato chimicamente come i nostri, ma è stato concepito sotto premesse completamente differenti.

Immaginatevi che dovreste portarvi dietro il doppio di combustibile. Allora dovreste avere anche il doppio di spinta, al fine di poter compensare il peso tecnico in sovrappiù. Ciò significherebbe che dovreste avere un propulsore più pesante. Ma allora dovreste portarvi dietro molto più carburante, per poter far salire in cielo il peso in più del propulsore. Un giro vizioso che non termina mai.

I chiari vantaggi del propulsore di Palenque sono

- Spinta di propulsione leggera,
- spinta di propulsione di lunga durata,
- bassa pressione nella camera di combustione,
- media temperatura accettabile nella camera di propulsione,
- possibile astronavetta molto leggera e semplice.

Il tutto naturalmente in confronto ai nostri propulsori odierni di tipo von Braun.

I chiari svantaggi del propulsore tipo "von Braun" sono

La **forte pressione** nella camera di combustione ostacola l'alimentazione del carburante. Ciò necessita di **forti pompe a turbina molto pesanti** da portarsi dietro.

In parte, la forte pressione viene tramutata in calore invece che in spinta. Ciò necessita un pesante congegno di raffreddamento da portarsi dietro.

La **forte pressione** nella camera di combustione necessita anche di **pesantissime pareti della camera di combustione** stessa, in grado di resistere a questa pressione. Anche questo peso bisogna portarselo dietro.

Tutti questi pesantissimi impianti si devono per forza portare appresso, anche se non servono direttamente alla spinta. Tutt'altro invece per il propulsore di Palenque.

Dettagli del propulsore di Palenque

Dapprima uno schema basilare da parte mia:

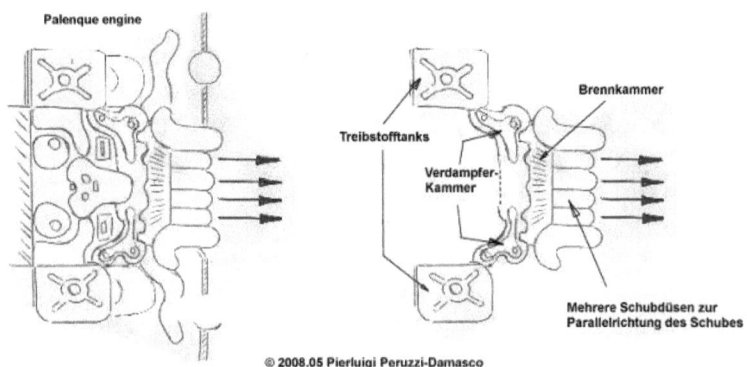

I piani soprastanti mostrano l'effettivo propulsore di Palenque, come viene mostrato sulla lastra tombale stessa e come
viene riconosciuto da parte mia.

Quadro a destra (pagina xx):

- Il combustibile liquido scorre dal serbatoio **A** attraverso la condotta **L1** direttamente nella pompa a pistone.
- Il liquido viene messo sotto pressione nella pompa a pistone. 60-120 bar dovrebbero essere sufficienti.
- Dopodiché il combustibile scorre sotto pressione attraverso **L2** nelle camere di vaporizzazione. Queste si trovano nel coperchio della camera di combustione ed il combustibile vaporizza mediante il calore emanato del propulsore stesso.
- **Contemporaneamente la vaporizzazione raffredda il coperchio della camera di combustione e tutto il blocco metallico del propulsore!**
- Durante la vaporizzazione dovrebbe svilupparsi nelle camere di vaporizzazione una pressione di gas di 8 - 10 kg/cm2. Questa non basta per "tornare indietro", ma basta però per spingere il combustibile vaporizzato nella camera di combustione.
- Nella camera di combustione stessa dovrebbe svilupparsi una pressione media e costante "verso l'alto" di 4 - 6 kg/cm2. Questo non è facile, perché sotto è tutto aperto!
- Dato che i gas di spinta attraversano i cilindri di raddrizzamento e non possono divulgarsi da tutte le parti, dovrebbe essere possibile sviluppare una pressione abbastanza forte sul coperchio della camera di combustione.

Facciamo un piccolo calcolo:

L'apertura di uscita del propulsore dovrebbe essere rotonda e di un diametro di 40 cm. Da questo ne risultano 1250 cm^2 di superficie di sbocco. Se si sviluppa una pressione costante di 4 kg/cm^2 nella camera di combustione ne risulterebbe una pressione totale di circa 5000 kg! (naturalmente solo in caso di un grado di efficienza poco realizzabile del 100%).

Formula completa: 20cm x 20cm x Pi x 4kg/cm² = circa 5'000 kg di spinta. Ma già con 3000 kg di spinta quest'astronavetta dovrebbe mettersi in marcia!

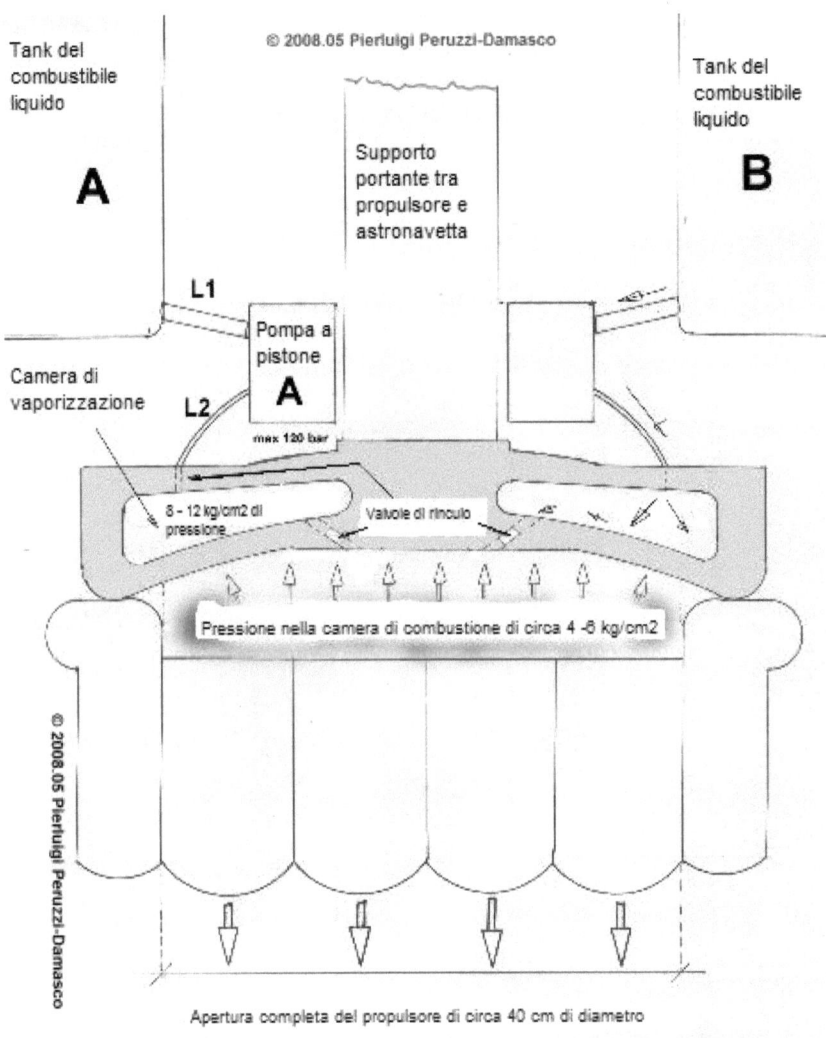

Tank del combustibile liquido

A

Supporto portante tra propulsore e astronavetta

Tank del combustibile liquido

B

© 2008.05 Pierluigi Peruzzi-Damasco

L1

Pompa a pistone

A

max 120 bar

Camera di vaporizzazione

L2

8 - 12 kg/cm2 di pressione

Valvole di rinculo

Pressione nella camera di combustione di circa 4 -6 kg/cm2

© 2008.05 Pierluigi Peruzzi-Damasco

Apertura completa del propulsore di circa 40 cm di diametro

Cito il conte Ferdinand Graf von Zeppelin

„È chiaro che nessuno vuol stare dalla mia parte, perché nessuno salta volentieri nel buio. Ma la mia meta è chiara **ed i miei calcoli sono giusti**".

Disegno tecnico e coloratura di Pierluigi Peruzzi
in base al disegno del dott. Alberto Lhuiller

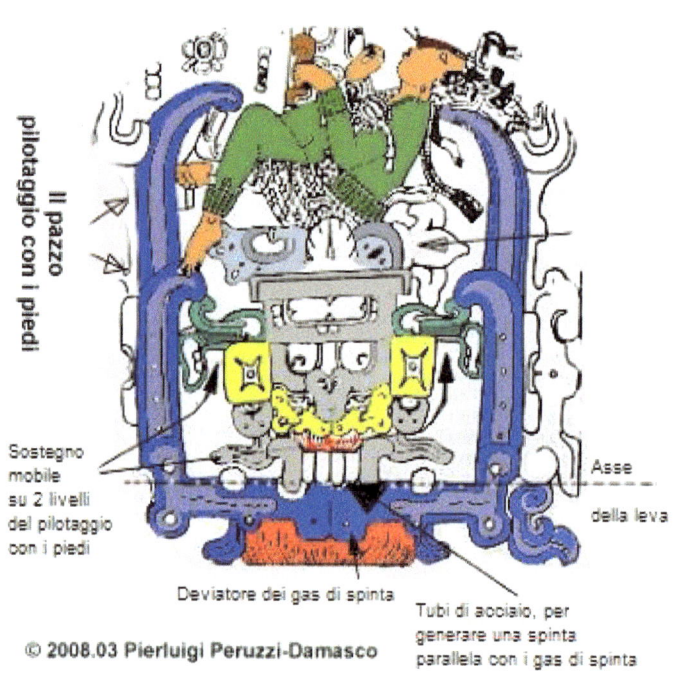

Il pazzo pilotaggio con i piedi

Sostegno mobile su 2 livelli del pilotaggio con i piedi

Asse della leva

Deviatore dei gas di spinta

Tubi di acciaio, per generare una spinta parallela con i gas di spinta

© 2008.03 Pierluigi Peruzzi-Damasco

32

A mio parere invece di dire "astronave" bisognerebbe dire "astrogommone".

Se si guarda bene questo telaio, si ha la sensazione di stare davanti ad un oggetto fatto nel proprio garage di casa. Certamente niente di eccezionale. L'unica cosa che si può considerare eccezionale è il propulsore chimico. Veramente unico. Forse è stato costruito con i residui tecnici ancora disponibili sulla Terra.

Ma forse questo propulsore era ancora disponibile e poi si è costruito su di esso un telaio provvisorio. Con ciò vorrei dire che grazie all'ancora esistente propulsore è diventato possibile viaggiare di nuovo in cielo.

Tutto questo mi ricorda "Etana", il pastore sumero che ascese al cielo per andare a prelevare l'erbetta della fertilità per sua moglie. Però Etana non riesce a raggiungere la meta, precipita e muore.

Sussistono naturalmente anche altre varianti di questa storia, ma questa è quella più attendibile.

La specie "Homo Sapiens"

Sono sempre più convinto che i cosiddetti "visitatori" o Dei derivavano dal nostro proprio sistema solare ed a causa del "raffreddamento" del nostro Sole si sono spostati verso l'interno del sistema solare. Pertanto credo che la Specie Homo Sapiens si sia sviluppata su un altro pianeta o luna del nostro proprio sistema solare.

Eventualmente però la specie Homo Sapiens potrebbe essersi sviluppata sulla Terra. Dopo una possibile grande catastrofe naturale l'umanità veniva ridotta all'era della pietra. I sopravvissuti di allora (premesso il fatto che questa teoria sia giusta), erano forse a lavorare nell'orbita terrestre, in grandi stazioni spaziali. Chissà?

Quando è stata scalpellata la lapide tombaria di Palenque, forse questo oggetto volante non esisteva più da secoli. Dato che le foto imbianchiscono molto in fretta, queste forse non erano più esistenti. Presumo però che sussistessero ancora dei piani tecnici su carta spessa, che si trovavano ancora nelle stazioni orbitali. Purtroppo il clero cattolico ha distrutto proprio tutto ciò che hanno trovato. Così sono state eliminate anche le ultime prove.

Fortunatamente non sono riusciti a distruggere la tomba di Re Pacal.

2° BOARDING

Favorite salire a bordo

Al fine di rimanere presso i possibili oggetti volanti delle antichità, facciamo un piccolo salto verso l'Egitto. Perché, se eventualmente fossero esistiti degli oggetti volanti, questi si sarebbero dovuti avvistare su tutta la faccia della Terra.

Nella parte in alto della figura che segue, si vedono gli affreschi del Tempio di Hathor di Dendera, Egitto. Nella parte inferiore della medesima figura vediamo il cosiddetto "Boarding". Ossia quel momento, nel quale i passeggeri di un aereo di linea vengono pregati di salire a bordo.

Personalmente intravedo le seguenti similarità:

- Il "Trolley" (la borsa con le ruote) si vede molto bene.
- Nell'affresco del soffitto (di sopra, tutto a destra) vediamo l'uomo che richiama con dei cenni l'aereo. Ossia quell'impiegato del personale di terra che da degli ordini di rullaggio ai piloti. Pure di sotto tutto a sinistra si vede il medesimo uomo del personale di terra, addetto a dare ordini di rullaggio.
- L'occhio della testa d'uccello nell'affresco del soffitto di Dendera può senz'altro raffigurare le finestre del cockpit, perché queste sono le finestre che servono al pilota per "vedere" durante le manovre di terra e cielo.
- Che sulla pista di rullaggio serve una scala per salire a bordo, dovrebbe essere chiaro a tutti. Pure questo, migliaia di anni fa, non dovrebbe essere stato tanto differente.

Il portale dello hangar

La figura seguente evidenzia chiaramente che non si tratta di un portale stellare tipo fantascienza, ma bensì di un semplice portale per hangar e l'uomo tutto a destra fa i cenni al pilota di far uscire l'aeromobile. I passeggeri devono aspettare e si trovano già sulla scala.

Ma naturalmente (ridi) tutto ciò è una pura casualità.

Fine del capitolo

Ho introdotto appositamente questi affreschi egiziani nel mio libro, che per principio si occupa dei Maya. Scopo e senso di questo capitolo era evidenziare il fatto che se nelle antichità, da qualche parte ci fossero stati degli aeromobili, allora questi si sarebbero dovuti vedere in tutto il mondo.

Se a Yucatan ci fosse stato un "Serpente celeste" (nell' Antico Testamento denominato carro di fuoco del signore), allora si avrebbe dovuto vedere per forza questi aeromobili anche in altre parti della Terra.

Ciò che mi disturba qui, è la grandezza di questo aeromobile. Ma se si osservano le piste di Nazca, allora questa grandezza dovrebbe essere stata possibile.

Sopra: Un altro affresco con dei dettagli dell'occhio. Si vede molto bene il pilota seduto "dentro l'occhio". Pure qui i passeggeri sono 14, più il pilota stesso.

Ma certamente i nostri archeologi, ben pagati con i soldi dei contribuenti fiscali vedranno qui degli Dei, dato che ammettere l'esistenza di aeromobili nell'antichità distruggerebbe tutto quello che hanno studiato e insegnato fino ad ora.

Non può essere quello che è, ma dev'essere come dev'essere.

3° Re Pacal vs. la divinità Apollon

Re Pacal dei Maya

Sotto: un disegno di Alfred Maudslay, ricercatore inglese, che mostra la piastra dell'altare del Tempio del Sole di Palenque.

Sopra: Lastra dell'altare del Tempio del Sole.
Immagine adattata da L. Schele o A. Maudslay.

Il Die greco-romano Appolon

Facciamo un bel salto verso la storia greco-romana ed il loro Dio Appollo(n).

Sopra: Piastra trovata nel 1968 nel Tempio di Apollo, Roma

Paragoniamo le leggende storiche di queste due divinità

Il rilievo del Tempio di Apollo sul Paladino di Roma, è molto, ma molto simile, al quadro del Tempio del Sole di Palenque.

Si possono evidenziare anche altre, pure coincidenze. Si potrebbero dedurre anche molte interpretazioni da queste similarità. Ma ognuno la può pensare come vuole. Viviamo in stati democratici e pertanto ognuno di noi ne può trarre le proprie conseguenze ed esporre le proprie opinioni.

Soltanto coloro che non vogliono vedere per nessuna ragione un'alta tecnologia di una vecchissima cultura estinta, alzeranno la voce per difendere tutto ciò al quale hanno sempre creduto per sbaglio.

Infatti le prove sono molte e molte di esse non lasciano molto spazio a deduzioni o interpretazioni religiose.

Ma proprio le interpretazioni religiose sono le più fantastiche, senza alcun nesso verso un vero creatore o la natura creata del creatore stesso. A parer mio, nei prossimi decenni si potrà vedere il crollo delle religioni abramitiche.

Apollo(n)	Pacal
Il Dio Apollon dovrebbe aver vissuto all'incirca tra il 700 - 2'500 a.C.	Il Re Deo K'inich Janaab Pacal invece ha vissuto tra il 603 fino al 685 d.C. Pertanto tra queste 2 personalità non avrebbero dovuto esistere dei nessi.
La Madre di Apollon, "Leto" (Latona per Roma), una amante die Zeus, dovette essere nascosta su un'isola, dato che Apollo non era legittimo e la moglie di Zeus "Hera" era altamente gelosa.	È sorprendente il fatto che non si conosca il padre di Re K'inich Janaab Pakal, e che sua Madre "Ix Sak K'uk'" (nominata anche Muwaan Mat) ad un tratto divenne Regina. Ma se non era neanche la figlia di un Re, come fece ad imporsi tra una dinastia maschile? Madre e figlio si trovarono sulla penisola di Yukatan. Isola <-> penisola?
Apollo e Leto erano originari della Grecia o del Medio Oriente o della Mesopotamia.	K'inich Janaab Pakal e sua Madre sorprendono con un naso greco. Un vero e proprio "puro caso" tra i Maya.
I figli di Apollo sono stati venerati come semidei.	I figli di K'inich Janaab Pakal sono stati venerati come semidei.
Apollo, durante la sua gioventù uccide la Dea Pitone.	Guarda caso che i Maya denominavano la città di Palenque la "Casa del serpente celeste". Di nuovo un puro caso.

Sopra, Apollo nel centro con la sua corona di alloro.

Sotto, Pacal al centro con il suo scettro.

45

Conclusioni

La divinità greca Apollo(n) dovrebbe aver vissuto tra il 700 - 2'500 a.C. Naturalmente se poi Apollo fosse esistito realmente come "personaggio leggendario". Tutt'altro Dio Re K'inich Jana-ab Pacal. Questo ha vissuto esattamente tra il 603 fino al 685 d.C.

Ma forse sulla lastra della tomba di Palenque non si raffigura il Re vero e proprio, ma una divinità. Esattamente come sopra le tombe cristiane, dove si raffigurano Angeli e Gesù Cristo.

L'unico nesso sta nelle similarità dei quadri.

Una piccola possibilità consisterebbe che i Maya abbiano copiato una parte della mitologia greca. Ma come sarebbe stato possibile? L'America non era stata (di nuovo) scoperta.

Purtroppo noi cristiani nei primi secoli dopo Cristo abbiamo barbaricamente distrutto e devastato tutti i tempi di Apollo e nell'America Centrale abbiamo bruciato tutti i libri dei Maya. Abbiamo lasciato soltanto pietre rotte.

Ma pure le pietre spaccate possono parlare, se si rimettono accuratamente insieme.

4° Tre divinità scesero nel regno dei morti

Puri casi simili?

Un Dio della cultura Maya, una Dea importante dei sumeri e Gesù Cristo scesero per 3 giorni nel regno della morte. Si tratta forse di pure casualità?

Ciò che vorrei esprimere veramente lo desidero spiegare meglio di seguito. Naturalmente ne conseguono poi dei punti di vista soggettivi. Ma sono forse più obbiettive le affermazioni e le interpretazioni religiose?

Che una divinità sumera e Gesù Cristo siano scesi nel regno della morta non sorprende nessuno, dato che la religione ebraica-cristiana non è nient'altro che una copia monoteista della religione politeista dei sumeri. Ma che poi una divinità Maya salvi il mondo scendendo nel regno della morte lascia un po' perplessi e fa emergere un sacco di domande.

Le 3 divinità in breve

INANNA, la più alta divinità Annuna dei sumeri, è scesa nel regno della morte per risalire dopo 3 giorni nel regno dei vivi.

Gesù Cristo, figlio di Dio, è sceso come essere umano sulla Terra e si è sacrificato per salvare l'umanità. Dopo la sua morte e sceso nel regno dei morti per poi risuscitare dopo il 3. giorno.

HUN AHAU, Dio della morte della cultura Maya, è sceso come essere umano sulla Terra ed è morto, per salvare l'umanità.

Inanna

Inanna, figlia di Ningal e Nanna, scese nel regno della morte, per poi risuscitare dopo 3 giorni. Essa era il capo delle Divinità Anunna.

Inanna, spinta dalla curiosità, progettò di fare una visita al regno della morte. Si mise d'accordo con il suo ministro Ninshuba, che se non fosse tornata entro tre giorni e tre notti, lei si appellasse alle maggiori divinità per salvarla dal regno della morte. Dopo questi accordi, Inanna cominciò la sua discesa. Al primo dei sette cancelli degli inferi la Dea venne fermata dal custode, Neti, che le chiese di lasciare parte dei suoi ornamenti. Così accadde ad ogni cancello. Pezzo dopo pezzo, Inanna dovette rinunciare a tutti i suoi gioielli e vestiti finché si trovò splendida e nuda di fronte alla sorella Ereshkigal, dea della morte.

Al suo sguardo Inanna perse la sua vitalità e **rimase tre giorni e tre notti come un cadavere nel regno della morte**. Visto che Inanna non aveva fatto ritorno al suo regno celeste, Ninshuba fece ciò che le era stato ordinato. Enki, padre della dea, corse in suo aiuto.

Gesù Cristo

Pure Gesù Cristo scese nel regno della morte per resuscitarne dopo il 3° giorno.

Hun Ahau

Dr. Alberto Ruz Lhuillier lo denominava: "Cizín" (Kizin); il vescovo Diego de Landa lo denominava "Uac Mitum Ahau"; Eric Thompson "Chac Mitum Ahau". Spesso si trova nache la denominazione "Hun Ahau", "Yum Cimil" (Yum-Kimil) (Signore della morte) ma anche Ah Puch.

La divinità Maya HUN AHAU anche denominata "Uac Mitum Ahau" era il Signore di Mitnal, il Regno dei morti **e non come talvolta si confonde con Xibalba**, ciò che corrisponde più o meno al nostro Purgatorio. Hunahau è la cupa divinità della morte e la personificazione dell'oscurità. Esso si sacrificò scendendo nel Regno dei morti (Mitnal), per poi risuscitare. I credenti facevano dei sacrifici, al fine di poter prolungare la loro vita.

Ah Puch o Hun Ahau dovrebbero essere la parte opposta di Itzamná. Il Dio Itzamná era il fondatore della cultura Maya. Esso viene denominato talvolta anche "Dio D" e porta il titolo del "Signore della sapienza". Esso donò al suo popolo anche il mais ed il cacao ed insegnò loro a scrivere, le medicine e l'uso del calendario.

Il nome "Itzamná" è molto simile al nome Inanna (Dea sumera), che scese nel regno dei morti e lottò contro il Dio della morte. Puro caso?

Conclusioni

Che la Bibbia (l'Antico Testamento) non è nient'altro che una versione monoteistica, migliorata della religione sumera, è ben risaputo. Voler asserire qualcosa d'altro si può considerare un semplice pio desiderio.

2 delle divinità sopra citate sono scese nel Regno della morte, al fine di salvare il genere umano. Una Dea invece, per mettere sotto suo controllo il Regno della morte, che infine avrebbe il medesimo effetto.

Con ciò ci si può chiedere: Ma che cos'ha a che fare una divinità Maya con la religione christiano-sumera? Un puro caso?

5° La perdita del ferro delle culture americane

Il disfacimento di una vecchissima cultura e la sua perdita del ferro

Un'osservazione differenziata e forse alternativa sulle culture dell'America centrale e meridionale.

Sopra: Quadro di Palenque in Messico, di Frederik Catherwood, ca. 1840

In questa teoria non voglio negare una vecchissima alta civiltà preistorica, tecnicamente avanzata. Che poi questa cultura si chiamasse Atlantide, Lemuria, Mu o come sia, non importa.

Ciò non fa parte della mia presente teoria. Possono essere stati anche astronauti naufragati sulla Terra.

Qui desidero semplicemente analizzare la fonte di una vecchia civiltà ed il suo declino. La mia analisi alternativa non include i nomi delle persone storiche. Perché ognuna di queste persone era soltanto una rotellina del macchinario storico, che non è riuscita a fermare il declino di queste civiltà.

Sopra: Quadro di Palenque in Messico, di Frederik Catherwood, ca. 1840

Dapprima un puro esempio

Ammettiamo il caso, che una catastrofe naturale, una malattia, un diluvio oppure una guerra atomica abbia cancellato il 90% dell'umanità.

Quali conseguenze culturali e sociali ne risulterebbero?

Si può certamente presumere che l'industria e l'economia non funzionerebbero più. Non sarebbe più possibile costruire nuovi aerei, automobili e computer. I restanti 10 % degli umani sopravvissuti "consumerebbero" semplicemente quello che trovano. Ciò significa che le apparecchiature ed i veicoli tecnici resterebbero in funzione al massimo nei prossimi 50 - 100 anni. Invece i metalli che si troverebbero per strada, la stoffa, i quadri, la stampa, i libri, i mobili ed altro continuerebbero ad esistere ancora per 200 - 500 anni. Ma dopo la ruggine, gli insetti ed i batteri avrebbero mangiato proprio tutto. Forse, i disegni tecnici, che per ragioni di lavoro sono sempre su carta spessa e speciale, avrebbero potuto durare qualche secolo in più. Ma dopo, ciò che resta, sono le pietre che durano un'eternità e restano come testimoni della vecchia civiltà.

Inoltre i metalli ancora reperibili verrebbero fusi e da ciò si produrrebbero pale, picconi, ruote ed altro. Queste, a sua volte, verrebbero mangiate dalla ruggine, così che, dopo 1000 anni non resterebbe più niente.

Machu Picchu (anche denominato Matchu Pitchu)
Un buon esempio della decadenza graduale di un'alta civiltà

A Machu Picchu, che però non fa parte della civiltà dei Maya, si intravede molto bene i 3 periodi storici. Mentre la base delle costruzioni di pietra è stata eseguita con delle grandi pietre esatte, si intravede negli strati più elevati del lavoro amatoriale.

Sopra: Free Fotos di Machu Picchu di www.OceansArt.us

Sopra: Free Fotos di Machu Picchu di www.OccansArt.us

Sulla foto soprastante vediamo chiaramente due ere culturali completamente differenti. Sul fondo delle mura vediamo delle pietre tagliate su misura che hanno superato tutti i terremoti. Sopra questo strato di pietre ben tagliate troviamo poi una buona costruzione medioevale.

Di quanto poi sia evoluto il disfacimento, lo dimostrano le prossime due foto di Sacred Valley (Peru). Queste costruzioni di pietra dura, possono essere state fatte esclusivamente con arnesi metallici. Ma per fare un esempio, dato che la cultura Maya, geograficamente vicina a quella peruviana, nel medioevo non avrebbe avuto la ruota e neanche il metallo, qui si può parlare di una decadenza tecnica.

Sopra: Free Fotos di Machu Picchu di www.OceansArt.us

Ma la domanda che ci si pone già da anni tra gli esperti di paleoseti è: Come si sono potute adattare cosi esattamente queste pietre molto pesanti?

Certamente con utensili di metallo, ma servirebbero anche delle apparecchiature. Non è possibile senza utensili tecnici adattare così esattamente una pietra all'altra.

La lapide di Palenque

Quale ulteriore esempio si può presentare il sarcofago di Palenque. La sua lapide, di pietra durissima, è stata scalpellata certamente con degli scalpelli di metallo. Ma pure questa si trovava in fondo alla costruzione, ossia il tempio. Quella parte dell'edificio che è stata costruita prima.

L'apparizione degli spagnoli

Quando sono apparsi gli spagnoli, i Maya hanno lasciato a migliaia le loro città e si sono sottomessi liberamente al servizio degli spagnoli ed inoltre hanno cambiato subito la loro religione. Se si considera che gli spagnoli erano un'assoluta minoranza ci si deve domandare il perché non hanno fatto ostruzione. Palenque è uno dei migliori esempi. Gli spagnoli non si sono neanche dati la pena di cercare questa città sfollata e rimangiata dalla giungla, per poi distruggerla del tutto.

Ma cosa avevano di meglio gli spagnoli dei maya?

Avevano una religione più umana, il metallo, la ruota ed un alfabeto utilizzabile. Inoltre gli spagnoli avevano un sistema giuridico migliore, se si tralascia l'inquisizione.

Conclusione

Dopo che i Maya e Inca avevano consumato tutto il metallo restante la loro cultura si fermava. Ci sono stati persino 2 passi di degenerazione tecnica. Ciò si vede molto bene nella città di Machu Picchu che geograficamente è vicino ai Maya.

In altre parole ci si domanda: Da dove venivano gli utensili metallici per lavorare le pietre nelle prime ere delle culture dell'America centrale e meridionale?

Una risposta è certamente sbagliata: "I Maya non conoscevano il metallo."

La risposta giusta dovrebbe essere: "I Maya non conoscevano **più** il metallo."

Ma la parolina "più" significa di dover accettare una cultura più avanzata di quella dei Maya.

Persino la risposta: "Oggi non si sa ancora." è una bugia bianca, perché le pietre scalpellate "parlano" chiaro.

6° Perché la paleoastronautica non ha il diritto di esistere?

Eccovi alcuni motivi del perché del divieto assoluto del paleoseti

Nel caso che l'esistenza della preastronautica venisse provata definitivamente, le religioni abramitiche sgretolerebbero in se stesse. Miliardi di persone religiose perderebbero il loro credo ed una gran parte delle loro tradizioni. Sarebbe devastante. Persino le religioni buddiste e induistiche perderebbero una parte della loro ideologia.

Tutti i docenti di storia e di religione resterebbero sulla strada senza lavoro. Pensate un po' ai milioni di docenti di storia che dovrebbero gettare nella spazzatura una gran parte della loro sapienza!

Tutti i partiti politici che si basano su religioni non sarebbero più credibili (per es. i democristiani).

Inoltre sono in gioco motivi economici e politici, dato che tutta l'economia mondiale si basa in parte sulle grandi religioni. Un sistema di Re e Papi che ancor oggi funziona perfettamente.

In altre parole: Se si ammettesse che la preastronautica (il paleoseti) abbia eslstito veramente si potrebbe creare una situazione di instabilità mondiale. Una 3ª guerra mondiale non è esclusa se le persone umane non avrebbero più niente a cui credere.

A questo punto ci si dovrebbe domandare se l'occultamento ufficiale della preastronautica potrebbe condurre ad una catastrofe sociale universale?

A parer mio, se l'umanità realizzasse di colpo l'esistenza della preastronautica, questo potrebbe causare una catastrofe sociale universale con tutte le sue conseguenze asociali. Pertanto si dovrebbe preparare l'umanità passo per passo all'esistenza della preastronautica. Oggi però, si tenta ancora invano di occultare la preastronautica.

Non dobbiamo neanche dimenticare che le religioni mondiali - soprattutto il Vaticano - vengono gestite da vecchissime persone. A partire da una certa età non c'è più posto nella mente per tolleranza e novità. Il fanatismo religioso di vecchissime persone la vince sulla ragionevolezza sensata.

Queste persone anziane difenderebbero fino all'ultima goccia di sangue ciò a qui hanno creduto tutta la vita.

Aggiunta del 12.02.2013: In merito a tanto vorrei esprimere il mio pieno rispetto verso Papa Benedetto XVI. Come nessun altro prima di lui si è assunto le conseguenze dal "diventare più vecchio" ed ha lasciato il posto ai più giovani. Questo lo ha fatto negli anni dove la Chiesa sta perdendo massicciamente terreno. I suoi predecessori invece non ce l'hanno fatta a dare via di mano lo scettro dell'impero ecclesiastico.

Ma proprio le religioni mondiali - con un solo dio - potrebbero spianare il passaggio verso l'esistenza della preastronautica e salvarsi come importante istituzione religiosa e così incrementare le nostre basi sociali!

È venuta l'ora di includere nelle riflessioni religiose anche **l'alta istruzione tecnica dei giovani d'oggi**. Ma se si continua a mentire ad un popolo oggi istruito, allora avviene esattamente ciò che attualmente si presenta come piccolo fenomeno: I credenti passano alle religioni buddiste che offrono di più per l'anima credente. Questo passaggio potrebbe però ad un tratto slittare via come una frana. Specialmente con il rafforzo della Cina e dell'Indocina. Infine l'inglese verrebbe sostituito dal cinese. Non ci si deve dimenticare che ogni quinto abitante del nostro pianetino è un cinese. Inoltre **la Cina sta diventando la prima superpotenza militare ed economica**.

Pertanto è arrivata l'ora di terminare questa vecchissima menzogna e di preparare il popolo ad un Credo un po' differente. Altrimenti l'occidente capitolerà verso l'oriente.

Ma ritorniamo al **Vaticano:** Attualmente il Credo sul Creatore che ci offre la Chiesa cattolica non è più attendibile. Sottovalutano l'intelligenza e l'istruzione dei giovani odierni. Ed i giovani che si trovano intorno alla chiesa non sono abbastanza rappresentativi per la maggioranza dei giovani stessi.

Ma proprio la Chiesa cattolica potrebbe aiutare l'umanità a fare il passaggio verso un Credo più credibile sull'esclusiva base di Gesù Cristo. Anche perché l'Antico Testamento trabocca di paleoseti e sarebbe consigliabile deporre l'Antico Testamento in quel luogo, dove la chiesa cattolica ha già archiviato il Libro di Enoch. Ma per far ciò servirebbe molta tolleranza e flessibilità. Ma ce l'hanno?

La storia ufficiale degli studiosi

La storia ufficiale degli studiosi è quella storia che ancor oggi si reprime. I masskiller, come i re, gli imperatori, il Vescovo Diego de Landa o magari il San Cirillo di Alessandria vengono elogiati ed i papi che hanno sferrato guerre intere sarebbero andati a finire in paradiso.

La storia ufficiale si può considerare anche una storia "citante" delle scienze, dato che la storia ufficiale cita sempre delle fonti ridondanti che si appoggiano l'una a l'altra. Se si segue a fondo una citazione della storia ufficiale, allora si percepisce che ci si muove in cerchio. Ciò significa che l'ultima citazione della citazione stessa ritornerà alla prima citazione.

In caso di una scoperta di artefatti importanti, che non stanno bene nel quadro della storia ufficiale, emergono sempre le seguenti spiegazioni:

- l'albero della vita,
- il viaggio negli inferi,
- l'adorazione degli dei,
- il Dio del raccolto,
- la Dea della fertilità,

- il Dio degli inferi,
- Dio padre,
- gli Dei,
- la vendetta del Dio ....,
- la cultura pagana,
- ... mostra il Dio del ....,
- il Dio del male,
- il buon Dio,
- i rituali religiosi,
- ecc. ecc. ecc.

Nella storia alternativa, certi giochi di parole, che si riferiscono a fonti storiche, vengono considerati storielle religiose.

Nella più gran parte dei casi della storia ufficiale si tratta di affermazioni negative, in relazione agli Dei inventati dagli archeologi ufficiali ben pagati, che ci vogliono insegnare che oggi noi abbiamo la migliore cultura, la migliore religione e la migliore formazione scolastica.

I libri della cosiddetta storia ufficiale ci narrano di un mondo virtuale, nel quale la storia mondiale si basa su fatti religiosi. La storia ufficiale opera come nel Science-Fiction sulla base del "pio desiderio" e del "credo", come anche sulla "fiducia" nell'insegnamento nelle scuole ufficiali. Con la storia ufficiale si tenta invano di mantenere "credente" un popolo oggi ben istruito. Questa è una stupida idea, che in base alle nozioni odierne non è più possibile mantenerla.

Personalmente sono del parere che nei prossimi anni vedremo cadere l'odierna storia ufficiale. Con l'esplorazione del sistema solare verranno a galla alcune prove. Particolarmente i Cinesi non staranno zitti ed allora tutti gli studiosi religiosi ed archeologi ufficiali rischieranno di andare a finire nel ridicolo. Questi lo sanno e continuano ad aggrapparsi al termine "il potere della Chiesa" che tenta invano con tutti i suoi mezzi di nascondere la verità. Ma tutte la parole di "resistere" non servono a niente contro le molte prove scalpellate nella pietra.

La storia alternativa

Con storia alternativa s'intende quella storia che considera i vecchi Dei come astronauti. O per lo meno erano piloti di aereomobili.

Le confutazioni prive di qualsiasi logica asserite dai nemici del paleoseti

Gli odierni studiosi di storia, che ci insegnano chiaramente ciò che i religiosi ed i politici ci vogliono insegnare, usano spesso il termine "pseudoscienza" al fine di insultare noi, amici del paleoseti. Ma ci sono già centinaia di milioni di persone umane che non si lasciano più ingannare. Gli studiosi ufficiali odierni trovano sempre più delle spiegazioni fantasiose di ciò che non deve essere. Ma Zacharia Sitchin, Erich von Däniken e tanti altri hanno pubblicato negli ultimi cento anni molte cose, che contraddiscono le religioni e gli storici.

Consiglio agli storici odierni solo una via d'uscita:

Smettete di nascondervi dietro le toniche polverose ed iniziate la "fuga in avanti". Una cosa è già certa: Un giorno la vostra volontà del voler sapere soltanto voi la verità causerà la vostra distruzione e vi renderà altamente ridicoli. Un futuro glorioso non ci può essere per voi.

Domande agli storici odierni

A.
Perché i vecchi romani non hanno costruito dei cannoni? Il metallo, lo zolfo, il carbone ed il salnitro lo conoscevano già. Anche la fusione del metallo la conoscevano già. Inoltre erano molto guerrieri. Allora perché non avevano fatto dei cannoni?

L'unica risposta giusta è:

La nozione di come fare dei cannoni i vecchi romani non l'avevano, anche se tutto il materiale era già presente.

B.
Perché Leonardo da Vinci non ha costruito un aliante e su di esso non ci ha fissato una grande carica propulsiva di un fuoco d'artificio? In questa maniera avrebbe potuto persino decollare. Il materiale era presente. L'idea di un aliante l'aveva già sviluppata e che cos'era una carica propulsiva di un fuoco d'artificio, gli italiani la conoscevano già da alcuni decenni.

Ma purtroppo Leonardo da Vinci non aveva le nozioni odierne. Così non sapeva cosa fare con il materiale di allora. Ma possibile sarebbe stato. Inoltre ancora oggi le agenzie spaziali usano dei razzi a carica propulsiva solida. Essa è ancora oggi uno dei mezzi di propulsione dei più efficaci. I razzi odierni a carica propulsiva solida sono molto simili alle cariche propulsive dei fuochi d'artificio che i cinesi usano da quasi 3'000 anni!

C.
I vecchi studiosi grechi conoscevano il ferro, il rame, l'ottone, l'argilla ed il legno. Pure le pietre magnetiche erano a loro conoscenza. Perché non hanno costruito un motore elettrico oppure un dinamo o alternatore?? Il material ce l'avevano. Ma purtroppo non sapevano cosa farne.

Conclusione

A questo punto potrei fare migliaia di domande. Ma la risposta sarebbe sempre la stessa: Nelle antichità gli studiosi avevano il materiale, ma non le nozioni odierne di come usarlo e così tutti i test, che si possono fare grazie alla sapienza odierna, si possono considerare delle pure scemate.

Al contrario! Noi amici del paleoseti possiamo persino dire che la sapienza necessaria la sapevano soltanto pochi "Dei". Gli studiosi terrestri di allora non sapevano niente. Pertanto tutti i test che dimostrano come si possono scansare dei macigni con funi e argani danno persino ragione a noi amici del paleoseti e non degli studiosi odierni. Anche per il fatto che argani con ruote di acciaio a quei tempi non si conoscevano affatto.

Mosè: 19.18
Or il monte Sinai era tutto fumante, perché l'Eterno v'era disceso in mezzo al fuoco; e il fumo ne saliva come il fumo d'una fornace, e tutto il monte tremava forte.

Nota dell' autore: Dio Onnipotente non necessita del fuoco e fumo per scendere sulla Terra, ma appare semplicemente dove pare e piace a lui.

A destra:
Le piste di Nazca (**non i disegni nel deserto!**)
Fotografo sconosciuto

Isaia 40 (Sacra Bibbia cristiana)

40.3 Una voce grida: «Nel deserto preparate la via al Signore, appianate nella steppa la strada per il nostro Dio.

40.4 Ogni valle sia colmata,ogni monte e colle siano abbassati; il terreno accidentato si trasformi in piano e quello scosceso in pianura.

40.5 Allora si rivelerà la gloria del Signore e ogni uomo la vedrà, poiché la bocca del Signore ha parlato».

A partire dal capitolo 40 di ISAIA molti studiosi religiosi, anche del Vaticano, dicono che si tratta di un falso, apportato dopo. Ma allora, perché non lo tolgono dalla Bibbia!?

7° Il Vescovo Diego de Landa

Il mio parere sugli assassinii di massa del Vescovo Diego de Landa

Alcuni anni fa si poteva trovare nel web tutti i fatti di sangue del Vescovo Diego de Landa e per esempio anche di San Cirillo di Alessandria. Allora vennero menzionate migliaia di vittime. Nel frattempo questi fatti sanguinosi sono spariti. L'anno passato potei trarre dal web che il frate francescano Diego de Landa aveva fatto ammazzare circa 150 religiosi Maya. Quest'anno ne sono rimasti 30. Oggi si negano persino questi 30. Ma dopotutto si tratta di un assassinio di massa e di una mattanza sanguinosa, non ce lo dobbiamo mai dimenticare.

Così, l'8 gennaio 2015 ho iniziato vaste ricerche nel web in merito al Vescovo Diego de Landa.

Ma pensate un po': Un giudice dell'inquisizione viene accusato da un governatore di aver commesso assassinii di massa e viene mandato in Spagna per farlo processare. Ciò è avvenuto soltanto nel caso di Diego de Landa. Ma a questo punto ci si deve domandare: "Che cosa ha fatto Frate Diego de Landa, giudice del Santo Ufficio inquisitorio sul territorio di Yucatan, perché un governatore trovi il coraggio di accusare l'inquisitore?" Qui devono essere avvenuti dei fatti molto gravi. Ma nel web non si trova più niente di tutto ciò. I metodi di barbara tortura dell'inquisizione sono risaputi e Diego de Landa ha certamente fatto bene il suo lavoro. Certe storie la non Santa Chiesa le cancella volentieri.

Tra l'altro nell'Auto-da-fe (processo religioso inquisitorio) di Manì del 1562 sono stati perdonati 150'000 Maya che vennero poi rimandati nei loro paesi. Ma se 150'000 persone umane sono state perdonate per pura pietà, si può presumere che ogni 10ª sia stata giustiziata a morte. Ciò sarebbero i 15'000 religiosi Maya che si menzionano sotto voce e che sono stato assassinati dall'inquisizione.

Ma tutto ciò resta naturalmente la mia opinione soggettiva.

Ma facciamo un po' un calcolo:

Verso l'anno 1500 esistevano circa 20'000'000 di Maya. Solo dopo molti anni, molti di loro sono morti a causa delle malattie che sono state importate dall'Europa. Ma se presumiamo che su 500 Maya ci sia stato un religioso Maya, allora questo equivale ad una bella cifra di 40'000 religiosi Maya. Ma dopo il "missionamento" tramite Diego de Landa non ce ne è rimasto neanche uno solo!

Se si osservano tutti questi importanti indizi oggettivamente, allora si può presumere un assassinio di massa tra i Maya. Ma oggi, chi ripulisce così bene il web da questa mattanza?

La vita di questo Vescovo,
come viene presentata oggi nel web

Diego de Landa nacque il 12 novembre 1524 a Calderon, nella Casa de los Gallos, come figlio di una famiglia nobile, presso la Villa Condal de Cifuentes, Guadalajara. Presumibilmente ha trascorso i suoi primi anni di scuola nel convento francescano di Cifuentes, dal 1529 fino al 1541.

Circa dal 1541 fino al 1547 continuò a studiare nel monastero di San Juan de los Reyes, a Toledo. Nel 1547 si trasferì nel convento di San Julián e San Antonio de La Cabrera di Madrid.

Nel 1548 venne convinto dal frate Nicolás de Albalate di andare a Yucatan. Là, da bravo missionario, avrebbe potuto convertire i Maya alla religione cattolica.

Per la prima volta a Yucatan (1549-1563)

Nell'agosto 1549 Diego de Landa raggiunse Campeche e si diresse poi verso Izamal, dove inaugurò la missione di San Antonio.

Dal 1549 fino al 1552 viaggiò attraverso la penisola di Yucatan, al fine di convertire alla religione cattolica i Maya nella giungla di Yucatan. Durante questo periodo apprese la lingua dei Maya servendosi della grammatica di Frate Luis de Villalpando. Imparò poi la lingua dei Maya così bene, che infine poté persino correggere la grammatica del suo maestro.

Nell'anno 1552 chiuse il suo primo capitolo nella Congregazione dei Francescani e venne nominato membro del Consiglio di Amministrazione del convento di San Antonio de Padua a Izamal.

L'evangelizzazione tramite i frati, che sembrava così importante, causò un conflitto con i proprietari terrieri. Questi asserivano che l'evangelizzazione causava delle assenze di lavoro e riduceva la voglia di lavorare. Tra il 1552 ed il 1558 ci fu una rivolta dei proprietari terrieri, particolarmente nella provincia di Valladolid, dove bruciarono due volte il convento e la chiesa. In questo clima era necessario un intervento delle autorità. Alonso Lopez Cerrato, secondo presidente del Real Audiencia di Guatemala, quale Auditore di Yucatan, assegnò il caso a Tomás López.

Questa ostilità tra gli Amministratori ed i Francescani venne terminata soltanto molti anni più tardi, dopo il ritorno di Landa dalla Spagna, dove era stato processato.

Sopra: Il retro del convento di Izamal, Merida. Il convento è stato costruito con il materiale ricavato da una piramide Maya.

Il 27 ottobre 1553, Diego de Landa partecipò alle convenzioni di Cabildo de Mérida, tra i francescani ed i proprietari terrieri, al fine di regolare i salari degli Indios.

Il 13 novembre 1556 Landa fu nominato Amministratore finanziario della Provincia di Yucatan.

Nonostante i "grandi sforzi" dei francescani - ed anche se sembrava che accettassero la religione cattolica - nei templi preispanici abbandonati continuavano i rituali ed i sacrifici umani.

Nel 1558 de Landa sorprese una quantità di Indios che teneva dei rituali a Chichén Itzá. Fece subito una messa, predicò il vangelo e buttò fuori tutte le immagini dei falsi dei

Nel 1558 frate Lorenzo de Bienvenida andò in Spagna, al fine di poter reclutare più missionari per la loro missione.
Il 3 aprile 1559 Diego de Landa scrisse una lettera al Consiglio degli Indios e propose frate Lorenzo quale Vescovo di Yucatan.

Il 19 febbraio 1560 Diego de Quijada venne nominato governatore della provincia di Yucatan. Per interessi propri il governatore divenne un appoggio importante per de Landa nella sua lotta contro le eresie degli Indios.
Un paio di mesi più tardi, frate Francisco Navarro e frate Diego de Landa - quale giudici regolari della inquisizione spagnola - giudicavano colpevoli alcuni spagnoli per eresia, tra di loro anche alcuni proprietari terrieri.

il 12 novembre 1560, Diego de Landa fu nominato Abate del convento di Mérida.

Nell'agosto del 1561, Hunacti mostra a Frate Pedro de Ciudad Rodrigo, Abate del convento, il cadavere di un bambino con le tracce di rituali di sacrificio.
(Nota dell'Autore: Ma chi dice che siano stati gli Indios a far tanto?)

Alcuni mesi più tardi alcuni allievi di Manì mostrano a Frate Pedro una quantità di ossa da rituali. Tutto ciò spinse Landa a sentenziare "alcuni" Indios per eresia.

Il 13 settembre 1561 Landa viene nominato responsabile per la chiesa cattolica di Yucatán, senza essere vescovo. Dato che mancava un vescovo già dal 1557, esso diventò così la più alta autorità religiosa di tutta la provincia di Yucatan e nello stesso anno anche per il Guatemala.

Nel giugno 1562, durante la caccia, il portinaio del convento di Mani, Peter Che, scopre in una grotta un cervo ancora caldo, al quale era stato strappato via il cuore.

Esso trovò anche molti altari di Dei e sporcizie di sangue. Pedro Che informò immediatamente frate Pedro su quanto aveva scoperto e questo andò subito da frate Diego de Landa. Questo, a sua volta, andò a Mani per consultarsi con Diego de Quijada.

Diego de Landa venne continuamente confrontato con i rituali degli indios e s'impose con "mano ferrea e con tutti i suoi poteri di inquisitore", ma anche con l'appoggio di Diego de Quijada.
(Nota dell'autore: Ma se Fra Diego de Landa aveva già sentenziato molti Indios, cosa significa allora "imporsi con mano ferrea?")

Diego de Quijada dette l'incarico al tenente Bartolome de Bohorques di appoggiare Landa. Questo dovette obbedire ed eseguire qualsiasi ordine di Landa. Ciò che il frate chiedeva, il tenente lo dovette eseguire immediatamente ed inoltre eseguire le sue sentenze contro gli Indios. Landa ordinò a Bohorques - sotto la minaccia di essere scomunicato - di accettare la carica di sceriffo dell'inquisizione.

L' 11 giugno 1562 Landa ordinò di arrestare 30 capi Maya ed i giorni che seguirono pure il governatore di Manì, Francisco de Montejo Xiu, il capo degli der Oxkutzcab, Francisco Pacab, il capo dei Mama, Juan Pech, nonché Kazike Tekax e Diego Uz. Ora Diego de Landa s'impose con i barbareschi metodi di tortura e di esecuzione, che l'inquisizione gli aveva permesso.
(Nota dell'autore: Soltanto 30 capi Maya? Cifra ridicola.)

Il 12 luglio 1562 si svolse a Manì un Tribunale religioso, al fine di sentenziare tutto ciò che era avvenuto durante l'anno precedente. Quale rappresentante delle autorità ecclesiastiche fu nominato Diego de Landa, come presidente del Tribunale inquisitorio e quale rappresentante delle autorità civili fu nominato Diego de Quijada. Le testimonianze sotto giuramento furono sottoscritte da Jerónimo de Contreras e Pedro Martinez.

Durante la notte furono tosati i capi Maya e furono distrutti circa 5000 idoli, altari, stele e vasi. Praticamente tutti i codici vennero bruciati. Ciò causò molti suicidi tra i Maya. Altri furono sentenziati.

Questa procedura provocò anche la rabbia dei proprietari terrieri, perché l'arresto di molti Indios aveva causato la fuga nella giungla di molti altri Indios, cosicché non rimase quasi più nessuno a svolgere il lavoro sui campi. Ciò causò però anche, che i Maya persero così definitivamente la fiducia negli spagnoli.

Il 14 agosto 1562 il nuovo vescovo di Yucatan raggiunse Merida, ossia frate Francisco de Toral. Sia i proprietari terrieri, come anche il difensore degli Indios, Diego Rodriguez Vivanco, sfruttarono questa occasione per convincere il nuovo Vescovo a mettersi dalla loro parte e contro Landa. Nell'ottobre Frate Toral ed il difensore degli Indios, formalizzavano le loro accuse contro frate Diego de Landa e le inviarono a Re Filippo II. Da un lato c'era Landa con i suo fratelli dell'Ordine dei Francescani insieme al sindaco Diego de Quijada e dall'altra parte il Vescovo Toral, il difensore degli Indios Rodriguez Vivanco ed i proprietari terrieri. Queste due parti sussisterono per un decennio.

(Nota autore: A parer mio, qui nel web, si tenta di far fare a Diego de Landa la parte della vittima di una cospirazione.)

A causa di queste accuse Landa decise di rivolgersi al Vice-Re ed andò a Campeche. Là, dove erano già stati Toral e Quijada, incontrò Martin Cortés Zúñiga, unico figlio legittimo di Hernán Cortés, che tentò di mediare tra le due parti. Dopo Cortés intervenne anche Francisco de Montejo il giovane, ma pure lui non riuscì a far fare la pace alle due parti.

Seconda parte della vita del Frate Diego de Landa di nuovo in Spagna, a partire dal 1564

Quasi catturato da sanguinosi pirati, Diego de Landa trascorse molti mesi malato a Santo Domingo. La Spagna la raggiunse nell'ottobre 1564.
(Nota dell'autore: Il poveretto ci ha messo 2 anni per raggiungere la Spagna. Ha forse tentato la fuga? Ma penso però che abbia lasciato crescere l'erba sui suoi fattacci.)

I primi giorni Landa li trascorse nel convento di San Juan de los Reyes. Dopodiché si trasferì a Barcelona, presso la sede centrale del suo ordine francescano. Con una lettera, che gli fu consegnata, dovette recarsi a Madrid per difendersi davanti al Re ed il Consiglio degli Indios.

Il 13 febbraio 1565 la faccenda del Frate Diego fu data alla Commissione amministrativa dei francescani di Castiglia, ossia al frate Pedro de Bobadilla. Questo a sua volta inoltrò il caso a frate Francisco de Guzman, per giudicarlo. Il 2 maggio il perito presentò una perizia a favore di Landa ed un anno dopo il Vescovo Toral ritirò le accuse contro Landa: " ... esso si alzò dalla sedia e si mise in ginocchio, come un buon frate asserì di essere in colpa e di aver commesso degli sbagli, ... Ha chiesto a tutti perdono e promesso di mettere tutto a posto per scaricare la sua coscienza."

Oggi non si sa più, ma presumibilmente tra gli anni 1566 e 1568, Diego de Landa dovrebbe aver scritto la sua opera "Relación de las cosas de Yucatán".

L'11 febbraio 1567, 10 religiosi di Yucatan scrivono una lettera a Filippo II e lo pregano di rimandarli il frate Diego de Landa, dato che questo conosce molto bene la cultura e la lingua dei Maya.

Nel gennaio 1569, frate Antonio de Córdoba, quale primo cittadino della allora Provincia di Castiglia emise una assoluzione a favore del frate Diego de Landa e lo dichiarò libero. *(Nota dell'autore: Ma se il perito gli aveva già dato ragione anni prima, per quale motivo allora questa assoluzione? Oppure era già stato condannato?)*

Il 20 aprile 1571 morì Francisco Toral e così il Vescovato della Provincia di Yucatan rimase senza Vescovo.

Verso la fine del 1571, quando Landa si trovò nei conventi di San Julian e San Antonio, ricevette un decreto reale nel quale venne suggerito come Vescovo di Yucatan. Il 15 novembre 1572 in Sevilla, Landa venne consacrato Vescovo e ciò viene pubblicato nel foglio di Nueva España del 28 giugno 1573.

Di nuovo a Yucatan a partire dal 1573 fino alla sua morte

L' 11 ottobre 1573 il Vescovo Frate Diego de Landa raggiunse Campeche. Quando arrivò a Mérida dovette constatare che molti frati non conoscevano la lingua dei Maya. Dopo essersi arrabbiato molto introdusse di nuovo la scuola linguistica per tutti i missionari.

Nell'anno successivo fece stampare una dottrina cristiana per i Maya e quasi di sicuro anche la sua opera "Relación de las cosas de Yucatán". Purtroppo non ne esistono delle copie.

Il 28 febbraio 1578, Filippo II nomina Vescovo de Landa quale difensore degli Indios.

(Nota dell'autore: Il masskiller e distruttore della cultura dei Maya viene nominato difensore dei Maya ?? Gli intrighi della Chiesa talvolta ci lasciano perplessi!)

Il 29 aprile 1579 Diego de Landa muore nel grande convento di San Francisco (Mérida), dove è stato dapprima anche sepolto.

Anni dopo fu riesumata la sua salma e le ossa furono trasferite a Cifuentes (Spagna) e poste in una nicchia della Capella di Calderón della Chiesa di El Salvador (Spagna).

Nel 1937 la Chiesa di El Salvador fu profanata e ciò che rimaneva di Diego de Landa svanì per sempre.

(Nota dell'autore: soggettivamente pensando ci si chiede chi abbia fatto sparire le ossa di questo scomodo vescovo francescano.)

"La Relación de las cosas de Yucatán", che scrisse tra il 1566 ed il 1568 è un opera eccellente per capire la vita e la cultura dei Maya. In questo libro Landa descrive i Maya e la scoperta del Messico. Nel diciottesimo secolo svanirono le ultime persone che erano capaci di comprendere a fondo i Maya e le loro sculture.

Nel 1862, Charles Étienne Brasseur de Bourbourg scoprì una copia del manoscritto nell'Academia de la Historia, a Madrid e lo fece tradurre in francese. Dopodiché lo pubblicò a Londra ed a Parigi nel 1864.

Fonti:

- *Diego_de_Landa - Wikipedia "ES".*
- *Una dissertazione (in PDF) di "José Isidoro Saucedo Gonzáles" inerente i Maya, con tanto del processo di Mani del 1562 nel suo capitolo IV.*
- *Una seconda variante (in PDF) di "José Isidoro Saucedo Gonzáles" sul processo religioso di Mani del 1562.*
- *Il manoscritto di Diego de Landa è stato trovato nella Biblioteca de la Real Academia de Historia de Madrid dal francese Charles Étienne Brasseur de Bourbourg ed è stato tradotto nel francese da Charles Minot.*
- *Testo completo, senza immagini, della **Relacion de las cosas de Yucatan**.*

I numeri Maya da 1 - 100

Autore: © 2018 Pierluigi Peruzzi
Casa editrice: BoD – Books on Demand, Norderstedt (Germania)
ISBN: 978-3-7460-9488-5